歌集

さかいなき青

牛尾千代子

青磁社

さかいなき青＊目次

I

牛尾千代子歌集

さかいなき青

I

銀の塊

柿の実にかけたる袋やや黄ばみ夕べの風に動く音する

目をそむけ空をみつめる老い鹿は背に銀杏の葉ふたひらを置く

餌を持てる吾の手に近づく雄鹿の黒き鼻は湿りて温し

参道の日差しさえぎる鳩の群れ一瞬に散る銀の塊

孫に贈るマフラー編む手のあたたかく冬日編み込むふっくら赤く

呼び合えるひよどり五、六羽円を描き鳴き声のこして夕闇に消ゆ

幼子にまじりて亀の飛び石に足を踏ん張り冬の日仰ぐ

老父の息

ひたすらに眠れる父のかすか動く口もとに見入る長き時あり

握手などしたこともなき老い父の大きく白き手冷えしを包む

死に近き老父の息は静かなりモニター画面にゆれる線あり

終わり近き父はゆっくり息をする現世をたしかめまた息をする

点滴のビニール管に繋がれて父は小さく生かされており

終近き父にやさしく呼びかける声のとどくか目に動きあり

遠山に咲ける桃花を御明かりに父は真夜中彼岸へ発ちぬ

亡骸の父に好みし酒供え傍に兄弟熱燗かわす

訪れし寺に九体阿弥陀像それぞれ違うまなざしに会う

阿弥陀さまその御手近くいま父は辿り着きしか春の瑠璃寺

梅花藻

熊笹の繁る斜面に点点と火床は小さく送り火を待つ

高速道に「動物注意」と立札あり無数の目のごと若葉は光る

四時の刻知らせる鐘の音　撞き終えて合掌する僧長く動かず

真夜に見し黄色の月が朝焼けの雲に溶けるをしばしながめる

杉山の麓に建ちたる家々の木の間に光る鋭角の屋根

清滝の岸辺は風の通りみち楓のつくる緑のさざなみ

湧き水の流れにゆれる梅花藻の小花は白く夕日に光る

梅花藻を守る里人誇らしげ　流れにお茶の冷やされてあり

時計塔の針ゆっくりと重なりぬ孫を待ちいるときを刻みて

流れゆく霧の切れ間に現れるサラシナショウマの真白なうねり

町つつむ蟬の鳴き声今朝はなく重き新聞ポストから出す

ゆきずりの人と並びて桔梗みる無言のままに笑みて別れる

ダムの底に五つの村がありしとう湖面にひびく蜩の声

添え書き

赤勝ちて白が勝ちても手をたたく二人の孫は紅組白組

先頭を走る児ころげ一等になりたる孫はうつむきており

玉垣にかすかに残る亡き父の名前よみつつ神前に立つ

年賀状欠礼はがきに父知らぬ人へも思い出添え書きしたり

手をかざしゆったり風を呼ぶようなおはらの踊り母は好みて

ほんのりと土の香りの舞い上がる御苑の落葉掃きよせられて

窓に映る吾の目鼻をなでて笑む幼とあそぶ昼の地下鉄

灯なき講堂でみる孫の劇舞台から吾をみつけたと言う

羅漢

池の面をすれすれに飛ぶカワセミの一瞬きらめく瑠璃色の羽

楓の葉風にゆらぎて泣き顔の羅漢の目もと赤色に見ゆ

泣きの顔怒りの顔にありしこと羅漢に語り短日暮れる

ユリカモメ散らばりて飛ぶ賀茂の空　寄ればたちまちざわめきとなる

身の裡に爆ぜるまぎわの一言を今日も鎮めて繊月あおぐ

注連縄の稲穂にすずめ群がりぬ粉雪の舞う御社の門

芝の中に枯芝のごときバッタおり冬の日ざしに薄ら目を開く

間違っている

友の余命を聞く病院の喫茶室　窓越しに見る菜の花かすむ

枕辺に折り鶴ひとつ置く友は癌告げられしをおだやかに言う

何事も無いかのように友は話す　末期癌とは間違っている

告げられし余命はるかに過ぎし友と老舗の弁当ひらく窓の辺

ヘルパーの若きに友は娘のように病を忘れ着いて歩きぬ

残るいのち燃やせるごとく熱き手の友に「またね」と病室を出る

この後は見舞いかなわぬ友となる振り返る空に浮く白き月

束の間を友は満面輝かせ光となりて彼岸へ発ちたり

握り締めればまだ温かき友の手にさよならと言うくりかえし言う

友の柩は喪の人垣の間を過ぎて紅葉の道をゆっくり曲りぬ

隔世遺伝

師の歌碑にみどり鮮らか苔のあり芽吹ける杜に耀いて見ゆ

雪の舞う杜に若木の寒桜ほそき花弁は真白の光

鈍色の空しか見えぬ吾が窓の瑠璃の雫に春の雨知る

何枚も栞をはさむ時刻表青春キップに旅立つ朝

山腹のホテルの朝《あした》ベランダの下より聞こえるうぐいすの声

奥津城に孫と手合わせ話しおり本好きは亡夫《つま》の隔世遺伝

十歳の孫と計算競い合い九九つぶやきぬ二時間ほどを

姉の庭に去年熊が食べに来た柿の木今年も若葉かがやく

秘密基地這い出すごとくコゴミ手に姉は微笑む少女の顔で

真夏日の木槿

たたまるる淡緑の翅ゆっくりとひろげクマゼミ飛び立ちを待つ

殻をぬけ体は成虫に変わりゆくみどりに耀く熊蟬の生

職人の若きが水面にうちつける反物おどる宵の鴨川

鴨川に水漬き揺れる反物の赤青紫ひかりの踊り

数多なる蕾のいくつか白くなり明日は開かん真夏日の木槿

熱帯魚とともに泳いできたという孫の沖縄はただ美しい海

桔梗に似る珊瑚礁　水納島《みんなしま》に拾いしという家苞《いえづと》重し

雷鳴と雨は激しく地をたたく残れる夏をさらいゆくかに

爪立ちて向日葵の種とりくるる孫は来年も咲かせるという

下駄の鼻緒

カーブ曲るたびに見えたり杉の間を真白のひかり那智の大滝

真下より滝の音ひびく境内のまなかいに立つ大滝の胴

秋一番姉の新米届きたり掬う両手に甘き糖の香

巻き紙に墨跡美《は》しき姑《はは》の文逝きて二十年あらためて読む

娘《こ》のくれし下駄の鼻緒のなじみよく指を意識し砂利道あるく

綿の実のはぜて白きを手にとれば日を吸いており芯まで温し

手作りの雛

いろり端の横座の祖父は象のごと遠き雪の日のキセルの音す

連なりて初詣なす孫の声ときおり吾を頭上に呼べる

春待たず母の作りし雛をだす生成りの顔に小さき口もと

縫いものを楽しむ母の覚えなくも作りし雛のみな円き顔

手作りの雛《ひいな》のまるき顔《かんばせ》は遺した母の面輪によく似て

御殿まりの内裏ひな飾り元気だと話しかけおり作りし母に

蠟梅の上枝下枝に開く花みな地に向ける小径を歩く

弓をもつ青きジャージの若者ら頭《ず》を深くさげ電車おりゆく

銀色にふくらむ辛夷の蕾みな突っ立ちており群青の空へ

墓参り

毘沙門へつづく小径の石仏とともにうぐいすの初鳴きを聞く

十一回家移り来て終の地に喜び分かつ友と出逢えり

雪つりの縄六十本　花季を待つ兼六園の菊桜なり

ふるさとの滞在三日目方言をぺらぺら話すわたくしがいる

春彼岸酒仙の夫の墓石に孫はこわごわ酒をそそげり

墓参り終えておにぎりのたけのこを孫は大きな口にほおばる

旅の途中に立ち寄るごとく娘《こ》の家に小物積み上げ六年の過ぎ

福を授くる社を守る巨樟《おおくす》に焼夷弾の跡くろぐろとあり

二尋の幹の半分焼け跡の残るくすのき若葉の茂る

一丈の焼け跡をもつ巨樟の幹に触れるとぽろり樹皮落つ

奥比叡

法然の親鸞の通いし勅使坂つぐみの声に和みてのぼる

身も隠るる深き雲母坂のぼりゆく御仏の手か鎖をたぐる

雲母坂ほそく険しく一歩ずつ鎖伝いて岩よじのぼる

奥比叡の谷の傾りに修行僧の古き墓あり青龍寺への道

身を横に岩間を抜けて登りゆく比叡山中迷い子の思い

杉林の梢を透きて筋なせる光の中を秋あかね過ぐ

ふりかえる杉の林に鹿一頭見送りくるる奥比叡の道

疏水辺

五十年目の同窓会に出席の通知出したる後をときめく

醍醐寺のクローン桜は根をおろす母校の庭に添木を立てて

満開に枝垂れる頃の再開を約して同窓の友と別れぬ

舞いおちる紅の葉を見上げいる蟷螂の頭しばし動かず

前垂れに抱く子を包む母子地蔵しぐれる疏水の川面見守る

吾が庭のつづきのごとく親しみて疏水辺歩く裸木のなか

裸木に幼の赤き靴吊られ幾日たつや落葉つもりぬ

「硫黄島」テレビに見入る十八歳手にもつケータイ開きしままに

ビルの角「御池桜」と札のつく一樹に小さき八重の花満つ

疏水辺を今年も菜の花つらなりぬふくらむ蕾目立ちはじめて

疏水辺の太い切り株の洞を埋め菜花一茎つぼみをつける

祈りか願いか

二羽の鵯ならびて揺らす送電線あさあけの空動きはじめる

かるがると「花粉症です」医師はいう　流行の小物わたすごとくに

占いの館のつづく参道を石切神社へ坂道くだる

皆黙しお百度を踏む連なりに加わり迷う祈りか願いか

手擦れせる石をまわりて百回目優しき吾になりているらし

同窓会

会うたびに渾名ではじまる同窓会重ねきたりて古希を祝えり

月の輪熊の剝製置かるる宿に来ぬ氷に並ぶくまのおさしみ

白髪の千千に乱るるさまに似る姥ヶ滝は落つ青き天より

新緑の白山の傾り丈ひくき辛夷の花の白く際立つ

同窓会の昨夜は乙女けさ主婦の顔して友は山葭を買う

雲垂れて鴉の声もしずまりぬ池に雨音騒立ちはじむ

日本海に呑まれるごとし足元を高波くずれる岩におりゆく

垂直の崖に打ち寄する白波を余所事と咲くひるがおの花

波砕く岩場に立ちて仰ぎ見る崖のなだりの紅き檜扇

白砂の庭

あおばずくの羽づくろい待ちひねもすを望遠レンズ覗く人いて

尾根に立ち見下ろす九月の大文字《だいもんじ》山右のはらいの気怠くのびる

石庭の十五の石を解すなく日なか影の移るを見ている

方形の白砂の庭に風ありて小さき落葉の波ながれゆく

山頂の札所へつづく階のした枝木の杖あり手の跡光る

幾人の身を支えしや借りし杖ささらのごとく先そりており

僧六人大きなパフェを黙々と食みいる宇治の茶房の奥に

上賀茂

深泥池の堰落つる水の多からず浮島深く水にかくれる

つもる落葉はつか葉脈とどめおり深泥池に冬の日をうけ

敬老パス初めて受け取り地下鉄に終点まで行き比叡山あおぐ

上賀茂にやわやわ塩の泡ふきてすぐきは味を深めいるらし

明神川の土橋に咲ける石蕗の黄色に招かれ橋をわたりぬ

神職の祓いをうけて聖地なる賀茂の本殿に近づきてゆく

和歌芸の上達叶うを願いつつ賀茂の社に両手を合わす

沢の面に杜若の芽二、三寸みどりの光を放ちていたり

白梅

新雪を喜喜と踏みしか山鳩の足跡とびはね線描画かく

雪道の吾に近づく山鳩の重なる足あと疏水のほとり

雪を積む楓の下はうす青く珊瑚の中かと仰いでいたり

うす緑の小さき花の咲き継ぎて白梅一月《ひとつき》香りを保つ

さえずりに幼きうぐいすの声まじる白梅咲ける疏水辺の径

二尺あまりひときわ紅くしだれ梅一花になりてもり上がり咲く

うしろより吹きくる風に香りあり見返る梅の白き花、花

竹生島

湖《うみ》をかこむ山並に見ゆる竹生島みどりの中の社に近づく

秀吉も信長も詣でし竹生島の太き縄もて神鈴揺らす

湖《うみ》の上《え》を歩いているかの船廊下　連子に青き水の面つづく

秀吉の御殿を移しし神殿の長押襖に金色とどむ

近江酒の香りを包む饅頭をみやげに購う階下の店に

島離《さか》る船の真上にさけぶがに花房ゆする崖の山藤

国宝の神殿唐門めぐり来ぬ竹生島抱く湖《うみ》も宝物

わらべ地蔵

娘《こ》に縫いし百合の絵柄のゆかた着る孫とまつりへ並びて歩く

義兄蒔きし田の向日葵は花いっぱい一輛電車がゆらせつつ過ぐ

顔のみを苔の上《え》に出すわらべ地蔵目に散水の雫うかべて

講堂に手拍子ひびき吹奏楽の「トトロ」にわきたつ学園祭は

轟ける吹奏楽の演奏に孫のフルートの音をさがせり

ゆくりなく二人の娘と肩並べ永観堂の紅葉みており

橋に立ち水面の紅葉を眺めおり娘《こ》の手いつしか吾の背中に

ここは春です

笑う声が話し声より響《とよ》みくる車中は少女の香りに満ちて

疾風に折れてふたたび噴き上ぐる悲しみに似る噴水を見つ

深く浅く砂地に翁の杖の跡朝の日受けて白くつづける

五百年生ききし楠その幹に南天育み実を光らせる

音羽川の岸辺の水仙咲き競い歩める吾を香りがつつむ

寒さ戻りみどり小さく萌え初むる雪柳背を丸めて群るる

路地奥の沈丁花に今朝しろき花毬はずむ　ここは春です

はじめての背広姿を角度かえ鏡にたしかむ孫十八歳

不死身の母

細き枝まばらに残し老い桜梢のつぼみいま開かむと

遠き日に母とながめし桜《はな》の香が枝垂れる桜の中にただよう

紅うすきしだれ桜の荒き幹なでればほのかに温みをもてる

鳥は上枝われは下枝の桜の実黒く熟るるを選りて食みおり

ちちははの忌を終えて入る温泉に兄姉四人三百十歳

母の享年越えし四人の兄弟は母を肴に酒くみかわす

それぞれの記憶の母の話尽きずいつか不死身の母となりたる

母の好みし「山中節」を兄謡う母在《いま》すごと手拍子合わす

母の齢はるかに過ぎる姉の動き面差し母かとしげしげ見入る

初物のいかなごの釘煮届きたり娘《こ》は胡麻をふる吾《あ》のなししごと

堀川

ふたたびを水は通いてせせらぎの音あり沿いつつ堀川くだる

友禅の紅藍色に堀川の流れを染めしと翁語れり

堀川の石積み乱し根を伸ばす桜の巨木のまぶしき若葉

一畳近き石に残れる銘「是ヨリ北紀州」四百年の丸み

堀川の流れに沿いて橋八つ下る間を綿雲動かず

堀川の水底《みぞこ》にふれつつ流れきて落葉消えゆく押小路橋に

高野山を描きつづける老絵師の花の声聞くとう小さき耳元

花の声きこゆと絵師は石楠花の蕊に一筆濃き紅を置く

この夏かの夏

百日紅の木蔭に白き花と立つ女ゆれおり　鉾はまだまだ

向きを変え大きく揺れる鉾の先比叡の尾根を長刀は指す

迷彩の樹皮はぎおとすプラタナス白い幹見せ梅雨まだあけず

絶え間なく広がる花火の蕊のごと弦月小さく黄の中にあり

湖《うみ》の面にくずれておちる大花火一片のなか弦月も入る

宿題の軍馬の餌なる草を刈り庭に毎日ひろげし夏あり

干草の中で終戦聞かされし国民学校二年生の夏

久々の玉子かけご飯のやわき味　空腹に慣らされし少女期ありぬ

発車すればたちまち眠る特技もち今日故郷へ「雷鳥」のなか

金婚を迎え兄あね「早かった」と酌み交わす酒おとろえ知らず

湧くように竹田節を唄う兄七十年わが知らざる顔に

ゆ　き

秋日さす椅子にもたるる心地せり亡き師の歌集ひすがら読めば

何日も顔を合わさぬ孫けさはタミフルを飲み嵩高く臥す

顔見世をみおえて四条の橋に立つゆりかもめの群れ娘《こ》と見上げおり

風花と幼の声舞う参道を人と流れてゆく初詣

「お互いに優しい寅でいましょう」と同じ文あり友らの賀状

温泉《ゆ》に浸かり雪つもる竹を眺めおりこのゆったりを母は知らざり

雪かきつつ倒れて母はみまかりぬ名をゆきという　豪雪の年

雪つもる御苑のベンチに小さき手の跡あり二羽の鳩も遊べり

雪の御苑しだれ桜もおぼろなり銀にきらめく比叡をのぞむ

須磨寺

一斉に七十騎が駆け降りし一の谷を浜より見上ぐ

須磨寺に八百年間飾らるる「青葉の笛」は敦盛の腰骨

硝子箱に黒ずみて立つ「青葉の笛」一尺余り二本並びぬ

須磨寺に飾られてあり敦盛の長き弓に小さき陣笠

金色をわずかに残す敦盛の鎧は思いのほかに小さし

放生会

大小のメダカにぎわう池の底に殿様蛙の蝌蚪は動かず

睡蓮の花をゆらして動き出すトノサマガエル寸余の蝌蚪は

地の上の生きものとなる羽化を終え水面を発つ糸蜻蛉たち

池の辺の梢に休む糸蜻蛉かさなる翅に滴の光る

身の丈に伸びて傾げる風鈴草　花の香わけて門に入りたり

放生会に集う人らの桟敷にはかんざし美《は》しき舞子も座る

白川を紅き斑《はだら》に揺らぎつつ放生の稚魚鴨川へと消ゆ

鴨川の岸辺に寄り合う赤き稚魚　中州に白鷺たたずみており

放生の稚魚の赤いろ川に消ゆ鷺が命を継ぐと聞きたり

撫で牛

マニキュアを落とし女孫《めまご》は黒き服　初就活を門に見送る

顔も知らず逝きし夫の墓前にて女孫のきびしき就活を告ぐ

手擦れして額光らせる撫で牛にででむし遊ぶ産土の社

撫で牛に心のうちを話しおり　ででむし角をのばし聞きいる

『黒い雨』を読み終えた孫からメール本当かと問う十五歳の夏

あらためて『はだしのゲン』と『黒い雨』丁寧に読む猛暑の八月

宿題の「天声人語」を書く孫と八月六日を語りておりぬ

広島を女孫と来年訪れる約束をする夏の終わりに

人と人の交わりうすき世となりぬ『はだしのゲン』の絶筆を知る

ざら紙

百日紅の真白き花房にごり見せ映す水面に風なごみたり

更新の敬老パスをいただきぬ　さらり話せる京を探さん

菊の香をまとう媼と目が合いぬ思わず席立つ彼岸の中日

いもづるの煮物の小鉢も並べられ友に昼餉を招かれ来たり

ざら紙のノートの文字に滲みあまた夫遺ししを孫に見せやる

原書の『嵐が丘』に夫記す一九五一年に読み終えしを知る

ざら紙に表も裏もびっしりと横文字並ぶを孫と見つめる

II

仔犬

新しく名前呼ばれて家族となる吾がひざに寝る温き仔犬は

家族みな仔犬にただいまおかえりを言うそれぞれの声のトーンに

階《きざはし》を静かに静かにおりる夜仔犬は鳴きて抱かるるを待つ

地をはしる真赤な落葉を追いかける仔犬に引かれ呼吸《いき》乱しおり

柚子の香の残るタオルをふりまわす仔犬と孫と戯れあって

亀石

父に似る翁が杖つきのぼる階東山駅の地上は遠い

元気かとケータイに残る姉の声語尾あげる癖に母を想いぬ

七十三歳己に掛け声かけながら亀石一つ一つを飛びゆく

鴨川の亀石飛び終え身の裡の扉の一つ開く心地す

鴨川に沿いて五つの橋くぐる雪だるま大小七つに逢いぬ

橋五つくぐりて来たりまなかいの比叡の尾根に積もる雪あり

公園のベンチにならぶ雪うさぎ落葉の赤き目凍てて光れり

大原の里

雪の舞う如月の空白く見ゆ故郷の窓は雪の中らし

如月の空青き午後舞う雪は額をふれたりどこかやさしき

ふたすじの煙ひろがり大原を眼下にみれば花の色なす

大原の棚田で育ちしあぶら菜の塩漬け夕餉の一品とする

岩に当たる雪解けの水苔を薙ぎ山くだりゆく大原の里へ

川辺占め今朝まみどりに水仙は如月の雨に総立ちとなる

津波

なにもかも攫いて津波はもどりゆく人の成したるもの浮かべつつ

海の見えるここに住みたいとつぶやける翁は瓦礫の中に佇み

誕生を祝いて植えし梅の木は津波に残り子はもう在らず

列島の画面に津波注意報うつしだされて小さきわが国

もちだせるビニール袋を満たすなく防護服の人ねこを抱きおり

放射能の検査をされて岩手より瓦礫は首都の土になりゆく

奥嵯峨

岩の間を落ちくる滝を覆う楓ふとき枝が飛沫《しぶき》にゆれる

「猪と目を合わせない　あとずされ」立札ならぶ峡をぬけたり

揚げたてのもみじの天ぷら茶店にてパリパリと食ぶ青葉を見上げ

茅葺きの家を訪ねる奥嵯峨のせせらぎに沿いみどり踏みゆく

ゆれる早苗かがやく水を守るがに茅葺きの家そのはてに見ゆ

目も鼻も平らになりたる石仏道辺におわす奥嵯峨をゆく

桑の実

犬とゆく路地を家々の音ひびく生垣の中に葦簀《よしず》の奥に

手入れなき庭を桑の木占めておりし蚕を飼いしか畑中の家

伸びるがまま道を覆いてたわわなる黒き桑の実はつかに甘し

勝運をさずかるという牛の口の玉を撫でおり何に勝たんや

六十三段いっきにのぼる四条駅六・三カロリーの運動

疾走する犬

棚の奥に小さき甕あり母の漬けし梅の香ただよう逝きて二十年

背を丸め長き糸つく針もちて刺子の柿の花咲かす母

縫針の先いくたびも頭《ず》になすり母はゆっくり刺子をしたり

車二台急停車させ走りまわる子犬を追うわれ山姥になる

首輪ぬけ疾走する犬追いかける道行く人ら垣となしたり

あらき息の吾のもとに戻りきて見上げる子犬の丸き目動かず

夫の時計

ふる里の小さきデパートに旧姓の呼び出し聞こえあたり見まわす

筆忠実《まめ》の父の便りの束のなか父の怪我知らす母のはがきが

娘《こ》にあてたひらがなのみのエアメール「みんなで見たい」とパリの夫より

遺されて二十年経る夫の時計小さき電池がよみがえらせる

竜胆を挿す水ぬるき花つぼに氷片入れる秋の彼岸を

人形のモンペ姿を少女期に重ねておりぬ与勇輝展

まだ青き稲穂を撫でる男いて日ごと確かむと楽しげに話す

一面に藁を干さるる田圃より鳩一斉に群れなして発つ

瑠璃光院

高野川の水音ひびく橋わたり瑠璃光院の山門に入る

瑠璃色に光るという苔見ておりぬ光らぬままに陽は移りゆく

紅葉に間のある楓を透りくる光にゆれる真緑の苔

樫の花を見上げて歩きし植物園切り株になり秋の陽に照る

夕日より生《あ》れたる人や金色の坂の上より近づき来たる

長楽寺

小倉山の朱濃き紅葉に歩みとめ黙して見上げる京を去る友

紙袋に描かれたサンタ網棚で終点梅田を寝かされたまま

団栗を踏みて滑れる音ひびく人まばらなる師走の御苑

賀状のみ五十年続き友逝きぬバドミントンのライバルのまま

沈む日の黄金《こがね》に染める川の面流れるごとく小さくなりゆく

友とのぼる長楽寺の階嶮しかり眼下の鴨川うすむらさきに

十三重の建礼門院の塔に添う我忘桜の梢ふくらむ

泥像の布袋の美しき歯のみえて八百年を笑い続ける

八歳の天皇の直衣幡となりガラスの中にうすき茶の色

七味の香り

母知らぬ七十四の誕生日雪舞う神社の神鈴ならす

生誕を祝うメールに音符とぶ長生きしてと言う孫のいて

居酒屋のカウンターに女孫《こ》と肩をよせスティック野菜に焼酎をのむ

大根を抜きつつ馬子唄うたいたる男に最後の一本いただく

八坂さんの前と教わる店たずね小さき陶器の「黒七味」買う

四十七士の末裔商う御香煎　一力亭を視界に入れる

手づくりの七味の香りほのとたつ漬物にもふる独りの昼餉

歩数計

どこからか香りくる花さがすがに散歩の犬は生垣を嗅ぐ

たわむ枝に等間隔の桜蕾《はなつぼみ》けさ覚めしごと紅濃くなりぬ

わが影の先と重なる桜木のかげ濃くなりぬ開花ま近き

歩数計今日も一万歩超えておりこのおおかたを犬と歩けり

仏の座、踊子草と川べりを花かぎまわる犬につきゆく

瓶に挿す椿一枝はなびらを一枚一枚解きて紅《くれない》

大木の椿の根方に若木あり尺に足らずも紅の花二つ

松花堂庭園

手入れよき竹林のなか太からず節の白き黒竹一群

竹筒に籠に椿の活けられて置かれる庭の小径を歩く

八百種のひとつの椿が青竹や籠に活けらる松花堂ホール

青き花筒形もありシンデレラと名のつく椿の一枝もあり

緑《あお》深き苔と椿の竹筒と　馬酔木にそいて敷石わたる

供　出

「おかあさんげんきになって」ゆれている笹の葉短冊あどけない文字

一面の白詰草の花蹴って子犬は湖岸をダッシュしてゆく

電球の光を反す太き梁のサロンに聞きいるベニーグッドマン

プリムラの花の終わるを待ちいしか葉を食べつくす青虫一匹

四、五日をプリムラの葉で食満たし青虫けさは姿を見せず

供出の梵鐘穴をあけられて帰還してより街を見守る

戦争の傷といわれし穴三つ鐘に残りて清しき音す

一日が長く思える梅雨の夕　耳動かして聞く犬と話せり

零戦の残骸に花たむけつつ屈む老い人煙にゆれる

売れるものみな売り四人の子養いし昔を語る姑《はは》背をのばす

宝石もすべて供出したという「お国のため」と姑は語りき

三川の光《て》り

少女のバイオリン聴く春の夕べ京都会館の柿落しに

被災マツ燃やされるなく二十体の仏像となり陸前に帰る

真っ白きテラスに立ちてはるか見ゆ木津宇治桂の三川の光《て》り

「みいさま」と呼ばれ手に背に蛇をもつ宇賀神けさは花にあふれて

りんご食む吾より高き音をたて子犬は皮をシャキシャキと食む

電気ガス水のない日々忘れゆく阪神大震災十八年経て

真夜中に婿が運びしポリタンクその水友と分け合いしこと

震災後移りし京都に歌を知りさぐりさぐりて十年となる

墓に残る雪をはらいてカーネーションの赤きも供える母の命日

七月の雹

辻子《ずし》という言葉に惹かれ訪ね歩く白梅、山名と人の名の道

蹴上駅の階のぼるとき香りきてまなかいに立つ躑躅の傾り

六甲の風入る部屋に一人居の義妹と開く老舗の弁当

花菖蒲は入り日に紫濃くなりて金の光となる鬼やんま

八十四年生き初めてと姉の言う七月の雹に車ポコポコ

零戦

コンビニのマンガの横にワンコインの永久保存版日本国憲法

一字ずつひたすら書きし日本国憲法　半世紀前のわが夏休み

鯖の骨のカーブ美しきと零戦の設計に活かす堀越二郎

「風立ちぬ」上映終わりて席立たずスクリーン見入る人らのなかに

学生と翁と並び席につく末川記念会館土曜講座

八十七歳「戦争はあかん」声強し　特攻隊を昨日のごとくに
乗る戦闘機なくなり生得て戦争をいま話さねばと語り穏やか

注連縄

紅葉のはだらに光る奈良公園正倉院展の長き列《なら》びに

夫の墓で久々に会う娘ら楽しげな幼の顔して草を抜きおり

奥津城の酒仙の夫にワンカップ夫逝きし齢に近づく娘と

家二軒更地になりて広き路地たわわなる柚子一樹残さる

白き馬の賀状に合格運べよと祈りて孫の名を書き終える

年一度の消息知らせる賀状あり十年変わらず元気と書かれ

伊勢に向き太き注連縄みな古く飾る家々當麻寺道の

果て近きと思わず見舞う吾をみて「今日誕生日や」母最後の声

青年につづき亀石跳びきりぬ見上げる比叡に斑雪あり

亀石を渡りきりたり万歳し青年たちの拍手をうける

ひかりとかげり

大輪の白菊墓前に孫と並び大学合格を亡き夫に告ぐ

電線に初燕とまる卯月十日尾を振り頭をふり囀りやまず

川に吊るす鯉幟あまた胴いっぱい吸うことのなし空に口あけ

一花一花ちがう香りを楽しみて揚羽と前後に薔薇園をゆく

参道に沿う新緑の苔の上ゆれる若葉のひかりとかげり

五百年住職により受け継がるる一休寺の納豆の濃き味噌の味

手入れよき庭の苔に沙羅の花重なりて敷く白冴えざえと

松根油

戦災を免れし町ふるさとの公園に松根油採取の跡

鮮らけき松根油とりし細き線七十年経つもその位置変わらず

幾箇所も墨で消されし教科書を喜びいっぱい入学したり

「紫菜漬」と建礼門院の名づけしと孫に話さん　二袋買う

客を待ち広沢池に並ぶボート寄るさざなみに大きくゆらぐ

風にたつ池のさざなみ揺れる果て点々と灯る朱の彼岸花

赤白のまじりて咲ける彼岸花苔むして立つ野仏つつみ

毛糸編み

己が病知らず食事の支度なす義妹に笑顔でわたす菜の花

夕日うけ動物園の観覧車ひと無きままにまわりつづける

日溜まりの十月桜は八重に咲く花弁小さきやわらかき白

月あおぎ夢中に話しし日もありぬ月よりはるかへ義妹旅立つ

毛糸編みの大好きだった義妹の編みくれしコート芯まで温し

合格のお守り買わんと列のなか若きの在らぬ土曜日の午後

笑むようにハートの形に口開く八坂の社の狛犬に会う

逆立ちし百五十年を見守れる備前焼の狛犬を撫づ

玉砂利に届かず消える雪のなかおぼろに人立つ建仁寺の庭

茜雲の切れ間に出でたる白き月黄金になりつつ寒空のぼる

咲き極むる紅梅ついばむメジロの群れ逆さのままに花移りゆく

曲水の宴の小川に落椿あかき小波の光になりて

原爆ドーム

一礼なし「平和の鐘」を撞く女孫《めまご》ゆっくり響き目を閉じて聞く

枠のみの原爆ドームを吹きぬける夏の風あり瓦礫の庭に

被爆者の七十四年を丁寧に翁やさしく女孫に話す

活字でも映像でもなく訴える被爆の衣類被爆者の皮膚

一つ一つの遺品を前に孫は立ちイヤホーンを聞きまた歩みだす

被爆死の写真の少女と同じ年の孫表情かたく見つめつづける

だんだんに立ち止まる時間長くなる女孫と歩く原爆資料館

祖父知らぬ高三の孫に聞かせたり窓ガラスに単語書き覚えしと

平和の灯に原爆ドーム揺れて見ゆ式典映す八月六日

庭に咲く射干の花色朝夕に変わると寺の老僧は言う

ナス、トマト生り放題の休耕田この夏戦後七十年経つ

富士山

大堰川のほとりに吾を囲む鳩の視線意識す菓子食ぶ一瞬

はじめての家族五人で宿に見る部屋いっぱいに目の前の富士

富士山の湧水百余の細き筋なして崖落つ白糸の滝

白山の尾根しろじろと輝くを右に左に車窓より見つ

花期短き高山植物の競い咲く名にハクサンとつく花多く

水位の跡あまた残れるダムの壁を波はゆっくり打ちつけており

遺稿集

亡き夫の嵩の高き新字鑑おりおり役立ち捨てられずあり

四円五十銭定価と記せる新字鑑　同じ年なるわが手になじむ

千代紙の褪せたる箱に仕舞われて半世紀過ぐ母子手帳二冊

「捧《ささ》げ銃《つつ》」に三キロの命を抱きし夫知命こえたる娘《こ》を見ることなくて

転変の戦後を遺す夫の記事　祖父知らぬ孫に遺稿集を編む

色あせしスクラップブック手にとれば紙片ぱらぱら足元に落つ

遺稿集どの頁にも亡き夫と長き会話の時かえりくる

きょうは花嫁

ひもじきを耐えし少女期語りつつ女孫と初めて故郷への旅

わが父母の墓に初めて参る孫年が明ければ嫁ぐを告げぬ

名を書きてきりこを墓前に吊る習い合掌しながら孫に話せり

こんな日も散歩に行くのか吹雪くなか駆け出す犬のあと追いてゆく

たてに横に降りつづく雪ときおりをこもごも光りわが窓を射す

ポコポコと靴音聞きつつ手に足に力をこめる雪の疏水径

クラクションを小さく鳴らすスポーツカー運転するは犬友の翁

相槌のそうやねそうやね歌うよう媼の会話の後ろを歩く

君逝きて間のなく生まれし女孫きょうは花嫁われの手をとる

群れて咲く節分草の小さき花そこのみ白き日溜まりとなる

おだやかな顔

若葉そよぐ川辺の桜の梢よりふいにあらわる初燕二羽

見よとばかり二羽の子つばめ川の面を上下螺旋に吾をとり込む

うす青き重なる萼の七段にシチダンカという名の紫陽花

六甲の紫陽花園にシチダンカ一寸たらずの花に寄りゆく

ナスキュウリ包む新聞湿りたり姉の荷物に朝露残る

白山をはるかに望む病室の窓辺に立ちて手を合わす姉

オプジーボ嫌がるだろう臥す姉のおだやかな顔おだやかな声

この後は会うことかなわぬ姉となり見送る果てに白山おぼろ

いつまでも見送りくれし姉なりき稲田の果ての墓ふりかえる

兵士の墓

大阪城より兵器送りしとう荷揚げ門濃みどりの中立つ人もなし

世界の目集めてわたる境界を靴裏みせて北から南へ

手をつなぎ北から南へ両首脳軍事境界笑顔で踏めり

頂に星章ありて兵士の墓死しても階あり墓地に聳える

兵士の墓ならぶ七基に十九年二十年三月とようやくに読む

ヘリコプター一機なれども旋回の音なじめぬと暫し見上げる

「あと三時間のわが命」と歌遺す二十四歳なる特攻隊員

沖縄に硫黄島にて戦死せし二十代の遺詠集胸に抱きおり

戦争展食べられる草の絵の前にいあわす子らに味を話せり

無言館に引かれる八月幾人もの永久の青年自画像の前

口少し開く青年無言館のガラスの中に生き続ける顔

三月書房

今朝もまた葉先に滴光らせて茎ふやしゆくモンステラの勢

京都アニメーション事件

ガラス無き窓の縁は真っ黒に煤の焼きつく京アニ社屋

京アニの黒き焼け跡に合掌する青年の首を大粒の汗

一車輛ばらばらに座す七人のマスクの目立つ昼の地下鉄

閉店知り三月書房へ友と行く棚に「好日」置かれてありぬ

八月の過去にはならない事のありわが少女期を女孫に話す

「好日」にはじめて活字になりし歌読み直しおり家にこもる日

曾孫

夫の墓に孫の身籠り報告す　うぐいすの声を娘と聞きつつ

雨上がりの緑濃き道散歩して樹雨に驚く犬をだきあぐ

百日紅の白き花房ゆれている川辺の道にマスクをはずす

生まれたと届く画像に見入りたり仏の顔して眠れる曾孫

帰りきたる赤子を抱きぬ両腕に重き命よまこと小さく

赤子の泣く声にすばやく立ち上がりそばに寄る犬守らんとして

万歳して眠る赤子の手の指や手首ぷくぷく十日目の朝

みどり児の去りたる部屋のかすかなる乳の香りを楽しむひととき

足の指を口に入れアウウ機嫌よき赤子の動画に話しかけたり

エンディングノート

撫で牛の頭にいくつか願いかけ帰りてまずは手を洗いおり

階段の三十段につく手摺り今日も持たずにトントン下りる

胡麻ふられ「元気で」とメモ添えられて今年も次女のいかなご釘煮

河川敷に薙ぎ倒される草のなか十薬の花点々と白

軒下に蜂の巣見つけ殺虫剤「ゴメン」と言いつつ直撃をする

戦争を小さな声でぽつぽつと話す父顕つ今日は父の日

ためらいつつエンディングノート求めしを籠る一日とり出して見る

孫たちに残したき思い一つ書きエンディングノートやおら閉じたり

孫の知らぬ夫の生前書き出しぬ企業戦士と誇らしき日々

還暦の娘を祝う孫曾孫　有馬に集う八人の笑顔

有馬川の赤き欄干にねねの像手に持つ扇子のうすき金色

さかいなき青

命日を鶴越の坂のぼる好みし酒の「沢の鶴」もちて

墓地に立つ眼下に神戸の港あり空と海とのさかいなき青

女王様とハイドパークでお会いしたと話してくれし義母も眠れる

元旦の朝の散歩の五十分国旗出す家一軒もなし

雪のなか振る神鈴の音ひびき焚火の煙と空にとけゆく

初詣をすませて女孫《めまご》は結婚を決めたと吾に報告に来る

ワクチンの三回目終え久々に毘沙門堂の梅を訪ねる

蠟梅の香りただよう山の道空き家の一樹に花みちており

テラス

子燕を見上げるわれの去るを待ち親のつばめが餌はこびくる

四羽のひな巣に口そろえ鳴きいしが今朝姿なし五月も終わり

外来魚の回収ボックスあちこちに置かれて琵琶湖は守られており

にぎわえる湖畔の食堂にテラスあり犬と一緒にランチを食べる

フォークもつ手より持たぬ手が動き野菜も肉も曾孫はペロリ

一歳児は興味しんしん犬に寄り二日目そっと背中を触れる

犬の背を初めて撫でた一歳児手をなめられて大泣きをする

婚の日

甲子園を目ざししと聞く青年と女孫ならびて笑顔で対面

婚の日の近づく女孫に話したり港ながめて亡き夫のこと

ポケベル鳴り迎えの車に時かまわず飛び出す亡き夫駆け出し時代

婚約者は酒好きと女孫いうわが亡き夫に似ると笑みつつ

生《あ》れし孫の近くに引越し昼の間を赤子と過ごしし楽しき時あり

花嫁となりてわが横あるきゆく女孫の顔に光のありて

二人立ち見送りくれてわたされる文に何度もありがとうと

花嫁とその妹を自転車の前後に買い物せしことと思う

丹後の海

海を見に友の故郷へ高速道　連なる山々紅葉のなか

見下ろせる地平線の白き波丹後の海へと競いて近づく

岩に当たり砕けるしぶき直立に猛々しい白その岩かくす

思いきり海の香りを胸に詰め橋に佇む青一色のなか

岩に当たり砕ける波に陽のさしてしぶき一瞬みどりに光る

砂の粒大きいと聞く丹後の浜歩くたび砂の大地をくずす

パンダ

梅の蕾わずかの赤をふくらみに見つけて節分毘沙門への道

梅の花目ざして歩く疏水辺を知らず知らずに一万歩超ゆ

卓上のピアノで二歳児指あそび首ふり手を上げ音になりきる

ようやっとパンダが言える二歳児に代わって並ぶパンダ舎の列

パンダ舎の列に並びぬ最後尾の男の掲げる一時間の札

「パンダパンダ」叫んで走る二歳児の父母ともに園内はしる

丘に建つ真白きホテル空近し丸きポストが玄関に待つ

白浜のおだやかな海青一色　世界の海につづく青色

頑固おやじ

「元気か」と電話の兄の訛るこえ霜月の夜を少女にもどる

休刊知り朝一番に買いに行く本屋に二冊「週刊朝日」

休刊する「週刊朝日」の最終号すみからすみまで活字を追えり

二代目の頑固おやじを名告る兄と電話で話す父の日の夜

「盆に来るか」兄の電話に即行くと一人の旅の最後になるや

卓上ピアノ

箱いっぱいおもちゃをもってやってきた二歳児に電車の名前教わる

指一本卓上ピアノの演奏家作詩作曲二歳児うたう

卓上のピアノに合わせ得意顔うたう二歳児「ドレミのうた」を

飛行機に乗りたいという二歳児と遊園地へ行く指切りをする

猛暑にも食の変わらぬわが犬に「食べなあかん」と梨をわけやる

エアコンの一等席を占める犬ひすがら伸びて眠る猛暑を

土砂降りの雨やみ犬と散歩する過ぎゆく風に秋を感じつ

入院

わが体に悪性腫瘍ありと告ぐ医師の眼はおだしくやさし

きのこに似る拡大画面のがん細胞成長なして威厳を見せる

われと並び医師の説明聞く娘らの真剣な顔に恐怖を感ず

がん宿る実感なくて今日もまた犬と川辺の四千歩の道

退院後は温泉行こうと友からの電話　紅葉のなかを歩かん

病窓の漆黒の空を黄金の月わたりゆき点滴つづく

病院の廊下を一人歩きつつ退院目ざす　青空あおぐ

看護師に模範患者と煽てられ廊下を一人ぐるぐる歩く

おばあちゃん小さくなったね退院のわれ見て孫の驚きの声

退院の吾《あ》に早かったねと女孫たち元気な笑顔に迎えくれたり

横になるわれの背中にくっついてぬくもり伝える愛犬コロン

爽やかな朝

お年玉の袋の名前たしかめる今年から一つ増えた名を書き

一か月たらずの弟ほほえみて三歳の兄にミルクをもらう

「ありがとうございました」と三歳児お年玉手に深く頭《ず》を下げ

老いしわが犬の個性の強くなり好まぬ道は頑と歩かず

わが部屋へゆっくりのぼる三十段息切れわずかに爽やかな朝

跋

畑谷　隆子

牛尾千代子さんとは月に一度「好日」京都支社歌会で顔を合わせるようになって二十年となる。歌会ではいつも優しい微笑みを浮かべて、他者の意見を静かにうなずきながら聞いておられる。決して声高にものを言われることはなく、それでいて言うべきときには言うべきことを穏やかに述べられる。

このようなお人柄の牛尾さんだから、私は同じ区内に住んでいるのを幸いとして、これまで何かと頼りにしてきたのだった。むしろ甘えてきたと言ってもよい。そんな牛尾さんが歌集を出されると聞いて本当に心の底から嬉しかった。牛尾さんの歌は長年の間によく読んできたつもりだったのに、『さかいなき青』をじっくり読むと様々な特長をあらためて見出すことができて、そのたびに新鮮な驚きを覚えた。

参道の日差しさえぎる鳩の群れ一瞬に散る銀の塊

ユリカモメ散らばりて飛ぶ賀茂の空　寄ればたちまちざわめきとなる

高速道に「動物注意」と立札あり無数の目のごと若葉は光る

疾風に折れてふたたび噴き上ぐる悲しみに似る噴水を見つ

身の丈に伸びて傾げる風鈴草　花の香わけて門に入りたり

一首目は鳩の群れが飛んで散らばるとき、二首目は逆に散らばって飛んでいるユリカモメが寄るときの状況を詠んでいるが、それぞれ「散る銀の塊」「ざわめきとなる」の視覚、聴覚が捉えた言葉が強い印象を与える。どちらも結句で景がぐっと立ち上がってくる。

三首目は、立札の影響で爽やかなはずの若葉の光が動物の不気味な目の光に見え、四首目では抑えられない悲しみを噴水に重ねている。そして、丈高く伸びた風鈴草ではなく、その香りを分けて門に入るという冴えた五首目。

いずれも具体的な事物をそのまま描写するにとどまらず、そこから自分の感覚で詩情の核となる言葉を摑み取っている。

芝の中に枯芝のごときバッタおり冬の日ざしに薄ら目を開く
もちだせるビニール袋を満たすなく防護服の人ねこを抱きおり
紙袋に描かれたサンタ網棚で終点梅田を寝かされたまま

泥像の布袋の美しき歯のみえて八百年を笑い続ける

僧六人大きなパフェを黙々と食みいる宇治の茶房の奥に

牛尾さんの詩的感性を最も支えているのは鋭敏な視覚だろう。流れてゆく情景のなかで見過ごされてしまうようなところを、優れた歌材として確実に掬い上げる、その眼力には脱帽するしかない。

一首目、命終の近いバッタへの日ざしの暖かさは、作者の眼差しのあたたかさでもあろう。二首目、放射能汚染区域から大切なものを持ち出すニュースの一画面で猫にフォーカスし、三首目では網棚に忘れられたクリスマスの贈り物かもしれない紙袋に着目、絵柄のサンタを擬人化して哀愁を漂わせる。四首目、「美しい歯」に目を奪われ、そこから八百年の笑いへと展開する。五首目、人目につきにくい茶房の奥でパフェを食べる六人の僧の何とも可笑しい取り合わせ。それぞれにストーリー性や面白さがあって味わい深い作品となった。

十一回家移り来て終の地に喜び分かつ友と出逢えり

毘沙門へつづく小径の石仏とともにうぐいすの初鳴きを聞く
吾が庭のつづきのごとく親しみて疏水辺歩く裸木のなか
尾根に立ち見下ろす九月の大文字山《だいもんじ》右のはらいの気怠くのびる
つもる落葉はつか葉脈とどめおり深泥池に冬の日をうけ

阪神淡路大震災のあと、牛尾さんは京都の長女宅へ転居された。『さかいなき青』には京都の各所、春夏秋冬の歌がたくさん収められている。なかでも三首目の疏水辺は、後述する愛犬とともにほとんど毎日散歩されている馴染みの場所としてたびたび詠まれている。九月の大文字山や深泥池など観光客の比較的少ない場所の歌からは、すっかり京都に住み慣れた人の視線を感じ取れた。

終わり近き父はゆっくり息をする現世をたしかめまた息をする
娘《こ》に縫いし百合の絵柄のゆかた着る孫とまつりへ並びて歩く
橋に立ち水面の紅葉を眺めおり娘《こ》の手いつしか吾の背中に
ちちははの忌を終えて入る温泉に兄姉四人三百十歳

それぞれの記憶の母の話尽きずいつか不死身の母となりたる

『さかいなき青』に収められた家族の歌はあまりウエットなタッチで描かれてはいない。一首目、自分が父の息を確かめるのではなく、父がこの世を確かめて息をしているという客観性がかえって緊迫感を表出している。二首目には世代が受け継がれてゆく実感を「ゆかた」に象徴させ、三首目は秋冷のなかで感じたはずの娘の手のぬくもりまでは言葉にせず、一首にたっぷりと余情を与えている。温泉で高齢となったきょうだいが元気に集まり、尽きることのない母の思い出話をしている様子もユーモアをにじませて微笑ましい。さらりと詠まれた家族の歌だからこそ、よけいに深く引き込まれてしまうように思える。

あらためて『はだしのゲン』と『黒い雨』丁寧に読む猛暑の八月
一礼なし「平和の鐘」を撞く女孫《めまご》ゆっくり響き目を閉じて聞く
だんだんに立ち止まる時間長くなる女孫と歩く原爆資料館
ひもじきを耐えし少女期語りつつ女孫と初めて故郷への旅

『さかいなき青』を読み進めていけば、平和を強く希求する牛尾さんの姿が見えてくる。八月には原爆の被爆者に思いを馳せ、夏休みになると孫を広島へ連れて行く。これらの歌からは何としても次世代に伝えておかねばという使命感がひしひしと感じ取れ、それまで知り得なかった牛尾さんの熱い一面に目を見開く思いがした。

新しく名前呼ばれて家族となる吾がひざに寝る温き仔犬は
仏の座、踊子草と川べりを花かぎまわる犬につきゆく
一日が長く思える梅雨の夕　耳動かして聞く犬と話せり
こんな日も散歩に行くのか吹雪くなか駆け出す犬のあと追いてゆく
クラクション小さく鳴らすスポーツカー運転するは犬友の翁
歩数計今日も一万歩超えておりこのおおかたを犬と歩けり

歌集の第二章は仔犬を迎えたところから始まっている。この愛犬コロンは、日々の散歩によって健脚を維持し、退屈な一日の話し相手となり、また犬友という人

間関係を広げてくれる、牛尾さんのかけがえのない相棒となった。牛尾さんは犬と散歩しながら、疏水辺の景から歌の素材を見つけると聞いたことがある。可愛い相棒は作歌の手伝いもしてくれているのだ。

ざら紙のノートの文字に滲みあまた夫遺ししを孫に見せやる
亡き夫の嵩の高き新字鑑おりおり役立ち捨てられずあり
転変の戦後を遺す夫の記事　祖父知らぬ孫に遺稿集を編む
命日を鵯越の坂のぼる好みし酒の「沢の鶴」もちて

さて、ここで必ず触れておかねばならないのが亡きご夫君の歌である。ご夫君は京都大学卒業後に中日新聞の記者として活躍されたのだが、勤務中に病が見つかり、牛尾さんが四十九歳のときに他界された。没後三十年の二〇一七年に牛尾さんはご夫君の署名記事の一部をまとめ、『ある「記者」の足跡』と題した遺稿集を発刊されている。この遺稿集もご夫君の思い出を詠んだ短歌も、牛尾さんが子や孫にどうしても伝えたい、遺しておきたい大切な思いなのだ。

墓地に立つ眼下に神戸の港あり空と海とのさかいなき青
白浜のおだやかな海青一色　世界の海につづく青色

青は平和の象徴の色として国連の旗のメインカラーにもなっている。歌集の終わり近くで「さかいなき青」という言葉に出合った瞬間、これこそが牛尾さんだと直感した。誰に対しても分け隔てのない優しさと平和を強く願う牛尾さん。その目には白浜から世界の海へ続く青色が広がっている。その青色は私たちの未来への希望に他ならない。
『さかいなき青』には旅行詠や友情の歌など、ほかにも触れておきたい優れた作品は尽きないが、あとは読者の皆様の鑑賞に委ねたい。一人でも多くの方々にお読みいただきたいと願っている。

二〇二四年八月七日　立秋の朝に

あとがき

西宮で阪神淡路大震災に遭ったことで一人暮らしに不安を感じ、京都に住む長女の家に同居することになりました。それまでは夫の転勤に伴い、京都、名古屋、大阪など引越しは十一回を数え、ようやく京都に落ち着いたのです。

ちょうど新聞で短歌教室を知り、そこで初めて短歌の世界へ足を踏み入れました。今は亡き中野照子先生がご指導くださった「ゴールデンエイジアカデミー短歌講座」は十回で終了し、短歌を学び続けたい受講生仲間と「好日」の扇龍子先生にご指導を仰ぐ「漣の会」を立ち上げました。そして、その翌年には「好日」に入会したのです。

毎月送られてくる「好日」の誌面に活字となった自分の歌を見てとても嬉しくなると同時に、もっともっとと思う気持ちが湧き上がり、「京都ＳＫＹ短歌教室」で神谷佳子先生にもご指導いただきました。

そして、このたび「好日」入会二十年を一区切りとして、これまで「好日」に掲載された歌の中から選んだ作品を編年体でまとめ、上梓することにしました。「好日」京都支社で日頃あたたかくご指導いただいている畑谷隆子先生には、歌集の選歌や編集、校正に至るまで全てにわたり丁寧なご助言をいただき、身に余る跋文を添えてくださったこと、心より感謝を申し上げます。編集の過程で一首一首を読み返してみると、懐かしい思い出が蘇り、この二十年がとてもとても短く感じました。

「好日」の諸先生方には、常に懇切にご指導いただき誠にありがとうございました。この歌集にご助力いただいた川野並子様はじめ、いつもあたたかくお付き合いくださる「好日」京都支社の皆様、本当にありがとうございます。

『さかいなき青』を上梓するにあたり、いろいろとご配慮、ご尽力をいただきました青磁社の永田淳様に厚く御礼申し上げます。

最後に、いつも気儘に過ごしている私を見守ってくれる娘たち家族に深く感謝し、亡き夫、牛尾一男にこの歌集を捧げたいと思います。

令和六年八月十六日

牛尾　千代子

著者略歴

牛尾　千代子（うしお　ちよこ）

1939年　石川県金沢市生まれ
2003年　「好日」入社

歌集　さかいなき青

好日叢書第三一五篇

初版発行日　二〇二四年十月五日
著　者　牛尾千代子
定　価　二五〇〇円
発行者　永田　淳
発行所　青磁社
京都市北区上賀茂豊田町四〇—一（〒六〇三—八〇四五）
電話　〇七五—七〇五—二八三八
振替　〇〇九四〇—二—一二四二二四
https://seijisya.com
装　幀　仁井谷伴子
印刷・製本　創栄図書印刷

ISBN978-4-86198-605-5 C0092 ¥2500E